AF468591

OBSERVATIONS

PRÉSENTÉES

A LA CHAMBRE DES DEPUTES.

OBSERVATIONS

PRÉSENTÉES

A LA CHAMBRE DES DÉPUTÉS,

SUR LE PROJET DE LOI

TENDANT A RAPPORTER LES ARTICLES 3 ET 7 DE LA LOI DU 12 JANVIER 1816.

PAR LE COMTE **RÉAL**,

CONSEILLER-D'ÉTAT A VIE.

PARIS,

IMPRIMERIE DE A. FIRMIN DIDOT, FRÈRES,

RUE JACOB, N° 24.

1830.

OBSERVATIONS

SUR LE PROJET DE LOI

TENDANT A RAPPORTER LES ARTICLES 3 ET 7 DE LA LOI DU 12 JANVIER 1816.

Après avoir lu le projet de loi qui concerne les bannis, je me demande avec inquiétude si la Charte, qui, d'après la proclamation du lieutenant-général, devait être *une vérité*, serait encore, comme la Charte *octroyée*, une déception.

Je me hâte de signaler la différence immense qui, dans le travail soumis aux chambres, existe entre les *motifs* de la loi, et ses *dispositions*.

Les *motifs* appartiennent au loyal ministre de la justice, à l'homme qui, n'ayant dans le parti qui nous mitraillait, il y a à peine trente jours, aucun intérêt à ménager, aucun client à consoler, appelle les choses par leurs noms, et signale à la France régénérée les proscriptions, les confiscations prononcées par les assemblées anti-nationales qui ont pesé sur la France, qui l'ont déshonorée, qui l'ont pillée depuis quatorze ans.

Quant aux *dispositions* du projet, je ne sais à qui les attribuer; est-ce à la réunion des membres du nouveau conseil-d'état consultatif; le nom de

M. Benjamin Constant, qui le préside, me défend de le penser? devrais-je écouter le soupçon que fait naître le nom du ministre, membre du conseil, chargé de soutenir la discussion? et, dans cette hypothèse, ce travail serait-il *prolem sine matre;* je ne veux rien croire de tout cela; mais, ce dont je suis sûr, ce que tout homme ayant un peu de logique affirmera, c'est que les *dispositions* que je vais critiquer ne peuvent appartenir au ministre qui a donné les *motifs*. Et c'est même dans ces *motifs* que je puiserai les raisons qui me serviront à démontrer l'injustice et l'inconstitutionalité des *dispositions*.

Les Français, dit l'article Ier du projet, *bannis en exécution des articles* 3 *et* 7 *de la loi du* 12 *janvier* 1816, *sont réintégrés dans* TOUS *leurs* DROITS *civils et politiques... Ils sont aussi réintégrés dans les biens et pensions dont ils auraient été privés par suite de ladite loi...*

Jusqu'ici la rédaction appartient, j'en suis sûr, au garde-des-sceaux. Car cette rédaction, *fait cesser,* ainsi que le veut le ministre par ses motifs, *l'effet d'une mesure contre laquelle notre droit public proteste depuis quatorze années et qui fut une grande violation des garanties qui avaient été les conditions de la restauration.*

Mais ce qui ne peut appartenir au garde-des-sceaux, ce qui doit nécessairement être l'ouvrage d'un conseil, d'un patron, d'un avocat; tranchons le mot, de quelques-uns de ceux qui ont profité de nos proscriptions, qui les ont mendiées, exploitées, et qui veulent conserver les spoliations, ce sont les deux dispositions tracées, en style d'oracle, bien ambigu, bien obscur, qui terminent ce premier article, et qui n'ont évidemment d'autre but que de détruire, par une contradiction brutale, les dispositions libérales qui, d'accord avec la justice et avec la Charte, réparaient *cette grande violation des garanties qui avaient été les conditions de la restauration.*

Je vais, le plus sommairement possible, car je ne veux pas faire un *factum*, présenter quelques-uns des abus que la loi provoquée devait réformer, et quelques-unes des injustices que cette loi devait réparer; et l'on verra que, loin de réformer l'abus, quelquefois le projet le confirme, et que loin de réparer, il continue, et même il aggrave l'injustice; l'on verra enfin que le ministère du roi de *la dernière révolution* se montre bien moins juste, bien moins libéral sur cette question qu'une partie du ministère de la restauration.

Les faits vont parler.

Plié sous la verge de la Sainte-Alliance, sous les baïonnettes étrangères, et cédant aux fureurs des émigrés et du *Pavillon Marsan*, Louis XVIII, ouvrant l'arsenal des ordonnances, rendit celle du 24 juillet 1815.

Dans l'article Ier il prononce que dix-huit individus y dénommés seront arrêtés et traduits devant les conseils de guerre compétents de leurs divisions respectives.

On sait ce qu'ont fait dans ces jours de deuil, ces commissions; on sait que la chambre des pairs fut elle-même condamnée à les seconder; mais on semble oublier que, voulant à l'avance assurer une condamnation dont ce roi de la coalition et sa cour avaient soif, et au moment où on proclamait la liste des dix-huit victimes, une autre ordonnance du même jour, 24 juillet, publiait la liste de vingt-neuf personnes qui cessaient, par cette ordonnance, de faire partie de la chambre des pairs.

On se rappelle la scandaleuse impatience du procureur-général *Bélard*, le *quo usque* par lequel il gourmandait la chambre, à son gré trop lente à condamner; et le héros de la *Moskowa*, celui que cent batailles avaient respecté, le brave parmi les braves, NEY, sous la protection des baïonnettes étrangères, offert par les Bourbons en holocauste aux coalisés, conviés pour ainsi dire à cet horrible banquet, fut assassiné. *La Bédoyère* l'avait précédé, *Mouton-Duvernet* l'avait suivi. La France pleure aujourd'hui sur ces irréparables assassinats; quelques-uns des bourreaux étaient encore, il y a peu de jours, investis de fonctions brillantes et gorgés de gros appointements.

Lavalette, porté sur la liste fatale, pour apaiser un royal dépit, et pour satisfaire la vengeance d'un dévot, fut aussi condamné à mort. Il échappa, pour ainsi dire, des mains du bourreau, grace à l'adresse d'une courageuse et ancienne amitié, grace surtout au dévouement héroïque d'une épouse que cette horrible scène a privé pour jamais de sa raison; grace aussi au courage de trois Anglais, dont les noms sont déjà consacrés par l'histoire.

Tous les autres inscrits ont pu heureusement se soustraire, par la fuite, au feu de ces commissions; et, dans des jours un peu plus doux, lorsque l'opinion publique commença à gronder autour du trône, ils purent se présenter, purger leur contumace et se faire acquitter.

Je crois que le général Lallemand, maintenant réfugié aux États-Unis, est le seul qui n'ait point voulu se soumettre aux commissions militaires de la restauration, et encore moins à une grace offerte, qu'il repoussait comme une infamie.

Je pense bien qu'on ne prétendra pas qu'aujourd'hui un militaire, porté sur la première liste, ne puisse rentrer en France qu'en traversant la chambre d'un conseil de guerre convoqué en vertu de l'infâme ordonnance du 24 juillet 1815.

L'article 2 de cette ordonnance porte que les trente-huit individus y dénommés, sortiront, dans trois jours, de la ville de Paris, et se retireront dans l'intérieur de la France, dans les lieux que le ministre de la police indiquera, et où ils resteront sous sa surveillance, en attendant que LES CHAMBRES *statuent sur ceux qui devront, ou sortir de France*, ou être *livrés* à la poursuite des tribunaux.

L'article 3 accordait un an à ceux qui seraient *condamnés* (par les chambres!!!) à sortir du royaume, la faculté de vendre *leurs propriétés*. On ne parlait ni des dotations, ni des pensions.

A cette époque des saturnales de l'émigration en France, Louis XVIII aurait pu ajouter un ou plusieurs *zéros au chiffre* des trente-huit, et même au chiffre des dix-huit, sans que la mesure eût paru plus despotique et plus assassine; dans l'ivresse qui rendait furieux ces nouveaux bonnets rouges, loin d'éprouver la moindre résistance, Louis XVIII n'eût reçu que des applaudissements, que des encouragements à mieux faire; convenons donc que Louis XVIII se montra *bon prince* lorsqu'il se contenta de livrer dix-huit individus au feu de ses commissions militaires, et seulement trente-huit aux menus plaisirs de la chambre.

Pour ne parler, quant à présent, que de ces trente-huit individus, je dois rappeler que la plupart de ceux portés sur la liste, ne se connaissaient aucunement; plusieurs ne s'étaient jamais ni parlé, ni rencontré. Comment cette liste fut-elle faite, remaniée, augmentée, diminuée, définitivement arrêtée? quelques ennemis particuliers pourraient l'expliquer. Un homme existe, ministre alors et étranger à cette affaire, il pourrait, il devrait nous dire par quels coups de dez cette mesure, à-la-fois infâme, atroce, et ridicule, fut consommée. La nation, qui se trouve encore aujourd'hui debout sur le champ de bataille des 27 28 et 29 juillet; la nation qui sait qu'il suffit à un roi stupide d'avoir des conseillers ignorans et fous, pour couvrir de sang et de cadavres une ville immense surprise au milieu d'une paix profonde; cette nation aurait besoin de connaître avec détails les premiers symptômes de ce premier coup d'état, comme l'appelait M. Pasquier, et par lequel on préludait au dernier coup d'état qui heureusement nous a délivré de Charles X et d'une partie de sa cour, si énergiquement définie par M. de Vauban.

Cette liste des trente-huit nous donnait pour chefs de file le *maréchal Soult*, le *duc de Bassano*, le *général comte de Lobau*, le *général comte*

Lamarque, etc., nous nous trouvions en bonne compagnie; et, placés par le ministre de la police sous une surveillance peu inquiète, nous attendions le jour du jugement dernier qui devait nous renvoyer par devant les tribunaux ou nous exiler.

Nous attendions un jugement! nous ne savions pas trop comment la chambre pourrait le rendre; la chambre, le roi, ses ministres, ne le savaient pas mieux que nous; ils persistaient dans la mesure prise, uniquement parce qu'elle avait été prise, ils étaient fort embarrassés de nous.

Plus de cinq mois s'écoulèrent; nos *amis les alliés*, après nous avoir bien humiliés, bien pillés, parlaient d'évacuation; alors une loi d'amnistie fut annoncée. Le projet parut... Quelle amnistie!!

La loi qui la contenait fut présentée aux chambres vers la fin de décembre 1815.

Les dispositions atroces que le projet présentait contre les dix-huit, la mesure proposée contre la famille *Bonaparte*, les dispositions cruelles contre les *votants*, ne reçurent de la discussion aucune amélioration. Les trente-huit firent seuls les frais de cette longue discussion, dans laquelle le rapporteur se demandant quels pouvaient *être nos crimes, et quelles en étaient les preuves*, ajoutait : *La réponse*, Messieurs, *votre commission vous déclare qu'elle n'est pas en état de vous la fournir, et vous aurez à chercher ailleurs les lumières qui lui manquent, et il proposait à l'art.* 3 un amendement qui changeait la disposition impérative, en facultative, en disant que le roi POURRAIT, *dans l'espace de deux mois,* nous éloigner de France. Le même rapporteur proposait de charger le ministère public de poursuivre en *indemnités* ceux qui, renvoyés aux tribunaux, y seraient condamnés; mais une réclamation générale repoussa cette proposition, comme étant une *confiscation déguisée;* elle fut rejetée, et cette loi sanglante resta, chose étrange, dégagée de toute *confiscation.*

Le roi fit déclarer officiellement à la chambre par son ministre, qu'il consentait à *l'insertion facultative* d'ans l'art. 3, et chacun de nous espérait de ce consentement solennel que la liste diminuerait de nombre... Vain espoir, le roi n'usa de la faculté de faire *moins* que pour faire *tout* ce qu'il pouvait, et le chiffre 38 n'éprouva aucun changement.

Et la loi du 12 janvier 1816 fut publiée, signée LOUIS, par le roi : signé *Richelieu;* scellée du grand sceau : signé *Barbé-Marbois.*

Il est nécessaire de donner le texte de l'art. 3 de cette loi, avec d'autant plus de raison que c'est relativement à cet article que l'auteur, quel qu'il soit, des deux restrictions qui terminent l'art. 1er du projet soumis aux chambres, les a fait insérer.

« 3. Le roi pourra, *dans l'espace* DE DEUX MOIS, « *à dater de la promulgation de la présente loi*, « éloigner de la France ceux des individus com- « pris dans l'art. 2 de ladite ordonnance qu'il y « maintiendra, et qui n'auront pas été traduits « devant les tribunaux; et dans ce cas, ils sorti- « ront de France dans le délai qui leur sera fixé, « et n'y rentreront pas sans l'autorisation ex- « presse de Sa Majesté; le tout sous la peine de « déportation.

« Le roi pourra pareillement les priver de tous « biens et pensions à eux concédés à titre gratuit. »

La loi ayant été publiée le 14 février, il résultait de la disposition qui limitait à deux mois le délai pendant lequel le pouvoir monstrueux confié au roi pouvait être exercé par lui, que le 14 mars ce pouvoir était anéanti. Ainsi le 14 mars 1816, le roi Louis XVIII se trouvait dans l'heureuse impossibilité d'exiler personne, et de priver personne de ses biens; et s'il avait eu la bonté de ne point penser à moi pendant ces deux mois, je cessias subitement et comme par enchantement, le 14 mars au matin, de me trouver, ainsi que mes propriétés, mes canaux, ma pension, hors des atteintes de sa toute-puissante baguette.

Le mauvais génie qui inspirait toutes ces atroces folies, il y a 14 ans, était cependant encore sur le trône, il y a 30 jours, et y méditait des projets bien autrement sanglans.

Les votans, les 38 furent donc obligés de quitter la France ; les votans trouvèrent asile dans la Belgique, les 38 pourchassés en Belgique, pourchassés en Suisse, cherchèrent plus loin des asiles ; les plus heureux traversèrent l'Atlantique et trouvèrent l'hospitalité, du travail et du pain dans les forêts des États-Unis.

Parmi les bannis, parmi les 38, il s'en trouvait qui avaient des pensions, des donations ; dans ces donations se trouvaient, pour deux généraux, des rentes sur le grand-livre, pour quelques-uns des actions sur les canaux d'Orléans, pour plusieurs des actions sur le canal du Midi.

Les donations étaient sujettes à *un cas unique de retour* au profit de l'État *donateur:* et ce cas unique était celui du décès du donataire, sans enfans mâles.

Et l'art. 9 de la Charte, conservé dans la Charte modifiée, *déclare toutes les propriétés inviolables sans aucune exception de celles qu'on appelle nationales.*

Je dois faire remarquer avant tout que parmi les votans et les 38, le nombre des pensionnaires ou donataires s'élève à 8 ou 10 au plus, et que c'est contre ces 8 ou 10 proscrits, et en faveur d'une *seule famille*, que l'on veut, par une loi générale, *continuer* le scandale, dénoncé par le ministre, de la violation de la Charte, et le scandale plus odieux d'une confiscation par *ordonnance!*

Quand il fut bien connu que les proscrits avaient quitté la France, qu'ils étaient bien éparpillés, bien éloignés; qu'ils ne pouvaient plus se défendre; et lorsque la réaction de 1816 livrait la France envahie par l'étranger, aux émigrés rentrés, ivres de leurs succès; lorsque la justice était muette pour les proscrits, une famille d'émigrés qui, par une exception unique, était rentrée dans une fortune bien plus considérable que celle qu'elle avait perdue, une famille à la tête de laquelle se trouve un pair de France honorable, des ducs, etc., en un mot les héritiers *Caraman*, le 30 avril 1816, eurent..le courage..oui, le courage...

Le lendemain d'une action sanglante, on voit des gens qui, ne s'étant pas battus la veille, viennent sur le champ de bataille dépouiller froidement les morts et quelquefois les blessés qui ne peuvent se défendre.

Les héritiers Caraman, non pas le lendemain de la bataille du 12 janvier, non pas, heureusement pour nous, dans les deux mois accordés par cette loi, mais le 30 avril (car il a fallu aux gens d'affaire 46 jours, pour faire pénétrer dans la volonté d'une famille respectable une aussi déloyale résolution); les héritiers Caraman, dis-je, eurent le courage (il en fallait, quoique les *blessés* ne fussent pas sous leurs yeux) de demander.... aux tribunaux? ils n'avaient garde....au garde-des-sceaux? ils n'osèrent probablement pas; à qui donc? à un M. PRADEL!! *De quoi était-il ministre*, me demandera M. de Fitz-James, avec cette aisance des dernières années de Louis XV; il n'était pas ministre; il n'était pas même directeur-général; il n'était que directeur *intérimaire* de la Maison du Roi... C'est donc à M. de Pradel, directeur-général par intérim de la maison du Roi, que les héritiers Caraman s'adressèrent pour faire prononcer une confiscation et l'adjudication sans aucune forme, *à la turque*, des biens préalablement confisqués.

Jamais rien de semblable ne s'est vu, n'a été tenté pendant la première révolution, sous la terreur!!

Dans la lettre du 30 avril 1816, adressée à M. de Pradel, pièce fondamentale de cette étrange procédure, les héritiers Caraman le supplient *de prendre les ordres du Roi relativement aux actions possédées par les trente-huit qui étaient portés sur la seconde liste et dont*, ajoutaient-ils, *la loi du* 12 *janvier réservait à S. M. la faculté de prononcer la suppression.*

On peut n'être pas juge et savoir lire ; et M. de Pradel, juge improvisé par les héritiers Caraman, aurait dû lire, et, la main sur la conscience, il avouera que dans l'intervalle qui s'est écoulé entre la réception de la lettre des héritiers Caraman et son *jugement* du 25 mai, il a lu en entier la loi du 12 janvier ; et il aura reconnu que les héritiers Caraman, dans leur lettre, avaient oublié de lui conter que cette faculté de prononcer la privation d'une propriété n'était accordée au roi, et au roi tout seul, que pendant les deux mois expirés le 14 mars ; il aurait dû dire à cette famille qu'ils se réveillaient 46 *jours* trop tard pour former leur demande.

Il aurait peut-être pu leur toucher quelque chose de la Charte octroyée, qui ne veut pas de confiscation.

Il aurait pu leur ajouter que c'était, de la part de gens d'aussi bonne famille, une espèce de guet-à-pens de dépouiller ainsi sans aucune formalité, dans l'ombre, des malheureux bannis qui ne pouvaient se défendre.

C'était probablement trop exiger de ce juge improvisé qui soumit à S. M. un rapport dont la rédaction étonnera; dans ce rapport relatif aux donataires compris dans la liste des 38, on lit : « Que ces donataires sont les sieurs Alix, Soult, « Excelmans, Maret, Boulay, Vandamme, Lamar« que, Mouton comte de Lobau, Arnault, Pom« mereuil, Regnault, Arrighi, Dejean fils, Réal, « Durbach, Defermon et Hullin.

« Que l'ordonnance du 17 janvier leur a or« donné de sortir de France.

« Que la privation des biens dont ils jouissaient « à titre gratuit et le *retour* au domaine extraor« dinaire des biens qui leur appartenaient, SEM« BLENT DEVOIR ÊTRE la *conséquence* de ces dispo« tions.

« Dans cette *persuasion* (ajoute M. de Pradel, « sans autre développement), j'ai l'honneur de « proposer à votre majesté de décider que les do« nataires du domaine extraordinaire, exceptés de « l'amnistie, seront privés des biens qui leur ont « été concédés à titre gratuit, lesquels ONT FAIT « RETOUR *à ce domaine*. Je prie votre majesté de « me donner ses ordres.

« Sa majesté approuve le rapport. »

Admirons, en passant, la métamorphose étrange que fait subir à une idée l'intervalle de quelques lignes. Le *retour* au domaine n'est d'abord qu'*un doute*, une possibilité; deux lignes plus bas, ce doute devient pour le juge Pradel une *persua-*

sion; attendez quatre lignes encore, et voilà que le doute et la persuasion sont devenus une *réalité*, UN FAIT, et les biens *ont fait retour; consommatum est;* sa majesté approuve, et *les propriétés de dix-sept personnes sont confisquées.*

Et de suite le même comte de Pradel qui, contre le texte et l'esprit de la loi du 12 janvier, déja si sévère, contre le texte de la Charte, contre la teneur des titres qui établissaient les propriétés, venait d'en confisquer dix-sept sans aucune forme de procès, fait, *le* 25 *mai*, un second rapport au roi, et fait rendre, le même jour, une ordonnance portant :

« Article 1er. Les donataires du domaine extraordinaire, ci-après nommés, exceptés de l'amnistie par la loi du 12 janvier, sont privés des biens de ce domaine, dont ils jouissaient à titre gratuit, lesquels *seront* CONSIDÉRÉS *comme ayant fait retour.*

« Article 2. Ces individus sont les sieurs Soult, etc. (donataires compris dans la liste des trente-huit). »

Jamais usurpation de pouvoir plus audacieuse ne fut employée avec plus de scandale pour prononcer une confiscation.

Le 8 août, le même directeur, ne quittant plus sa proie, et continuant d'être *l'exécuteur* de son jugement, se saisit de la loi du 5 décembre 1814, à l'aide de laquelle il veut mettre les héritiers Caraman en possession des vingt actions qu'il venait de confisquer. M. de Pradel a la main malheureuse; toutes les lois qu'il touche, il les fausse; et cette loi du 5 décembre 1814 contient des dispositions précises qui empêchent cette transmission improvisée.

L'administrateur des canaux, quoique sous l'influence des héritiers Caraman, se refuse à l'exécution de l'ordonnance de M. de Pradel. Il ne voulait pas engager sa responsabilité, et demande une nouvelle ordonnance.

M. de Pradel recula cette fois devant son ouvrage; effrayé, il hésite. Il consulta le *conseil du contentieux du domaine extraordinaire*, et il avoua, qu'aux yeux de ce conseil, comme AUX SIENS, l'intervention d'une nouvelle ordonnance du roi ÉTAIT NÉCESSAIRE.

Et quoique cette ordonnance, jugée nécessaire pour mettre les héritiers Caraman en possession, *n'ait point été rendue*, ils n'en ont pas moins fait irruption dans nos propriétés, et continuent d'en jouir *sans aucun titre.*

De ces explications, qui auraient sans doute besoin d'un plus grand développement, il résulte :

1° Que toutes les dispositions de la loi du 12 janvier 1816 sont contraires à la Charte.

2° Que, relativement à l'article 3 de cette loi, le 14 mars 1816, le roi ne pouvait plus user du pouvoir, d'ailleurs anti-constitutionnel, qui lui avait été délégué.

3° Que c'est postérieurement au 14 mars, le 30 avril, que les héritiers Caraman ont mendié une *confiscation*, et que, déja inconstitutionnelle et déloyale, cette prétention était caduque.

4° Que l'ordonnance Pradel, du 24 mai 1815, est inconstitutionnelle, comme prononçant une confiscation, contient usurpation de pouvoir, comme rendue par le représentant intérimaire d'un directeur général sans qualité, et que d'ailleurs cette ordonnance a été rendue à une époque où, depuis deux mois, le droit extra-légal, délégué au roi, avait cessé d'exister.

5° Que cette ordonnance, ainsi que l'arrêté qui l'a suivie, ont été jugés insuffisants pour justifier l'invasion des Caraman; que cette insuffisance a été reconnue par l'administrateur des canaux, chargé de son exécution, par le conseil du contentieux du domaine extraordinaire, consulté par M. de Pradel, et par M. de Pradel lui-même.

6° Que le conseil et M. de Pradel ont jugé qu'une nouvelle ordonnance était nécessaire.

7° Que cette ordonnance n'a jamais été rendue, que par conséquent l'irruption des Caraman dans notre propriété, pendant notre absence forcée, est à-la-fois scandaleuse violation de la Charte, action déloyale, confiscation patente, et spoliation de propriété, faite sans aucun titre légal, et contre la reconnaissance expresse de la nécessité d'une ordonnance nouvelle, qui n'a pas été rendue.

Reprenons maintenant l'histoire des proscrits.

La famille Bonaparte est restée hors de France, et l'histoire ajoutera aux persécutions éprouvées par les héritiers du grand homme, l'infâme et lâche conduite du gouvernement romain, l'ordre donné par le cardinal Albany d'arracher la veuve d'un roi du lit de sa vieille mère mourante; de pareilles barbaries tendent à faire reculer la civilisation.

On n'ose pas toucher à ce terrible art. 4; on n'osera pas en parler; il semblerait que cet article est sous les scellés de la Sainte-Alliance; en vérité je suis stupéfait de tant de craintes, de tant de précautions.

Bon Dieu que nous sommes petits en présence d'événements si grands!

Après la cérémonie sublime du contrat passé entre le peuple souverain et le roi qu'il s'est choisi; après cette enivrante et patriotique journée du 29, où Philippe, au Champ-de-Mars a été inauguré, porté sur le pavois, et bien autrement consacré que par un pape dans Notre-Dame, ou que par un évêque dans l'église de Rheims, qui de nous n'a pas rayé du dictionnaire français le mot aujourd'hui bien ridicule de *prétendant?*

Ces précautions donneraient une sorte de consistance à des hommes qui n'en ont aucune ; vous avez peur même des femmes, et c'est à Paris après les journées des 27, 28 et 29 juillet!

Et qu'est-ce que la famille Bonaparte sans Bonaparte! que de réflexions ce texte fait naître; encore quelques mois, comme on sera honteux de la terreur actuelle de nos hommes d'état.

Les votants, presque tous pauvres, bien pauvres, après avoir vu des trésors à leur disposition, et n'ayant rêvé le milliard que pour le soldat; les votants qui ont vu des rois à leurs pieds, qui ont dominé le monde et affranchi le pays, sont pour la plupart restés dans la Belgique, s'approchant autant qu'ils le pouvaient de cette France qu'ils avaient préservée de l'invasion, et qui les rejetait; deux ou trois fois décimés pour l'âge et la misère, les survivants vont rentrer; la loi qui leur ouvre les portes de leur patrie est-elle juste à leur égard, repare-t-elle les injustices par eux souffertes, nous ne le croyons pas.

Pourquoi les priver des arrérages échus de

leurs pensions; est-ce parce qu'ils sont plus pauvres, plus vieux, qu'ils ont plus soufferts.

Ceux qui sont rentrés avant eux ont reçu les arrérages échus; pourquoi la même justice n'est-elle pas accordée pour tous?

Vous craignez pour le trésor, eh! revoyez la liste des pensions, retranchez celles accordées aux ministres qui nons ont assassinés, aux voleurs de diligence, aux auteurs de la machine infernale, aux assassins du 1er consul, à leurs nombreux complices si largement récompensés, aux jésuites millionnaires, aux agents de l'étranger, à ceux qui n'ont obtenu de pensions que sur la recommandation de Metternich et autres, et vous trouverez des millions pour solder quelques milliers de francs.

Je termine en rappelant l'attention sur les deux amendements ajoutés à l'art 1er du projet. Tels qu'ils sont présentés, et s'ils ne sont pas expliqués, ils livrent, sans défense, les donataires éloignés de France à ceux qui en leur absence ont, par *violence*, envahi leur propriété.

Qu'entend-on par droits acquis? Qu'entend-on en appliquant ces *droits acquis*, à ceux rentrés depuis plusieurs années, et qui sont en instance réglée contre leurs spoliateurs.

Point de termes ambigus, point de réticence à la manière des oracles.

Par droits acquis entend-on la possession contestée, la possession illégale, l'usurpation.

Qne la chambre, qu'en désespoir de cause, et sous le régime renversé, nous voulions saisir de nos réclamations, lorsque l'impossibilité d'obtenir justice contre l'émigration toute-puissante était évidente; que la chambre, saisie du fond de cette contestation par les deux amendements, se fassè remettre sous les yeux cette honteuse ordonnance du 25 mai 1815, cette véritable lettre de cachet SOLLICITÉE et portant confiscation, et qu'elle prononce en connaissance de cause.

On propose à la chambre une espèce d'énigme, nous demandons qu'on l'explique.

Et puisqu'il faut le dire cette explication nous avons droit de l'exiger de la loyauté du ministre qui doit soutenir la loi.

S'il devait prononcer comme juge sur les questions que renferme virtuellement le projet, je suis certain qu'il *s'abstiendrait*; mais quand il mettra sa boule dans l'urne ne sera-t-il donc pas juge.

Les premiers rentrés qui ont adressé au duc d'Orléans leurs réclamations, réussirent auprès du prince, moins sévère que son conseil.

D'autres furent moins heureux; écartés par M. Dupin.

Repoussés par les conseillers, les plaignants s'adressent aux tribunaux; soudain, quittant l'habit de ville, et prenant la toque et la robe d'avocat, M. Dupin se présente aux tribunaux et y combat à outrance les droits des proscrits.

Quel a été le conseil des héritiers Caraman lorsqu'ils ont mendié la confiscation des dotations, et cette fameuse ordonnance du 25 mai 1815? Je n'en sais rien.

Mais qui a mis à la défense de cette inique ordonnance une chaleur poussée à l'exagération? M. Dupin.

Qui plaidait contre le comte de Fermon, M. Dupin.

Contre le comte Réal, en première iustance, M. Dupin.

Et si l'on va en cassation nous retrouvons là encore, mais cette fois à la tête du parquet, celui qui devient pour nous aujourd'hui *l'inévitable* M. Dupin.

Tout cela peut être sans danger; mais, dans de pareilles circonstances l'effroi n'est-il donc pas permis quand en face de la tribune où se discute un projet de loi qui met en question leur fortune, dans le ministre commissaire du roi, qui doit défendre cette loi, les malheureux plaideurs reconnaissent encore M. Dupin.

Qu'il s'explique franchement; qu'il dise ce qu'il pense de cette ordonnance du 25 mai 1815.

Est-elle plus forte que la Charte ancienne, plus forte que la nouvelle ?

Pourra-t-on encore attaquer cette ordonnance; devant quel tribunal ?

En un mot quelle force donne-t-il aux mots *droits acquis*.

Une pareille loi ne peut être enlevée par surprise, et le ministre du roi, procureur général doit s'expliquer.

En attendant l'explication, nous publions l'opinion des ministres de Louis XVIII sur les droits des rentrés.

Voici comment parlait M. Decaze en s'adressant, le 21 juin 1819, au ministre des finances: *M. le baron, c'est en son conseil du 26 mai dernier, que le Roi a daigné autoriser la rentrée en France de M. le maréchal Soult, ainsi que de MM. Réal, Piré, Dirat, Pommereuil et Durbach,* AFFRANCHIS DÈS-LORS PAR CETTE DÉCISION DE TOUS LES EFFETS *de l'ordonnance du 24 juillet 1815 et de l'art 3 de la loi du 12 janvier 1816, et de l'ordonnance du 17 du même mois. Cette communication répond à la demande que votre excellence m'a fait l'honneur de m'adresser le 12 de ce mois, concernant M. le maréchal Soult. Agréez, mon-*

sieur le baron, l'assurance de ma haute considération. *Signé:* Le Comte Decaze.

Par une décision du 25 janvier 1819, M. le baron Louis, ministre des finances, qui était évidemment la seule autorité compétente, statua en ces termes :

« Considérant que l'effet de cette décision (*celle « qui autorise la rentrée des bannis*), est de re-« mettre les choses au même état où elles étaient « à l'époque du 12 janvier 1816, et par conséquent « de faire cesser soit le sequestre, soit la réunion « au domaine de biens concédés auxdites person-« nes, à titre gratuit.

« Décide, APRÈS AVOIR PRIS LES ORDRES DU ROI

« Les personnes dénommées aux états ci-dessus « énoncés, et qui sont donataires de biens prove-« nant du domaine extraordinaire, seront réinté-« grées dans la possession et jouissance desdits « biens; les revenus perçus leur seront remis, « sous la déduction des frais de régie, et des dé-« penses légitimement faites.

« S'il s'élève des réclamations à raison des droits « que des tiers prétendraient avoir acquis, elles « seront portées devant le comité contentieux du « Conseil d'État. »

Les ministres de Louis-Philippe auront-ils donc

montré dans leurs opinions moins de libéralité que les ministres de la dernière dynastie. Nous espérons que l'avocat des héritiers Caraman n'imposera ni ses opinions, ni ses affections, au procureur-général de la cour de cassation, au ministre du roi de la Charte régénérée, au député.

REAL.

www.ingramcontent.com/pod-product-compliance
Ingram Content Group UK Ltd.
Pitfield, Milton Keynes, MK11 3LW, UK
UKHW020512230726
13925UKWH00005B/2149

9 782014 433319